Le m
royal

CW01664891

Marie-Françoise Poiret
Conservateur en chef du patrimoine

Ce chef-d'œuvre du gothique flamboyant, jadis appelé avec admiration « le royal monastère de Brou », étonne par la diversité de ses ressources :

une église somptueusement ornée, trois cloîtres aux styles variés, des bâtiments monastiques de vastes proportions qui abritent maintenant un musée aux riches collections d'art, de grands jardins tout à l'entour. Le haut toit de l'église constitue un signal visuel perceptible de loin. Il vient d'être restitué dans son état originel avec ses pentes aiguës couvertes de tuiles vernissées de quatre couleurs disposées en losanges.

Si le monastère de Brou et son église, désormais inclus dans la ville de Bourg-en-Bresse, attirent de loin le regard par leur ampleur imposante, au XVIe siècle cette vision devait être éblouissante pour le voyageur qui découvrait le site, alors en rase campagne. C'est bien ce que voulut l'archiduchesse Marguerite d'Autriche, lorsqu'elle lança ce projet en 1506 : tout à la fois hymne à l'amour, acte de piété et geste de prestige, Brou est un joyau conçu par une femme exceptionnelle, au destin maintes fois bouleversé. Cette princesse de haut lignage joua

un rôle politique et artistique de premier plan dans l'Europe de son époque. Elle voulut laisser avec ce monument une trace mémorable, et elle y a parfaitement réussi.

Marguerite d'Autriche, une fille d'empereur

Qui est donc Marguerite d'Autriche ? Elle n'a guère de place dans la mémoire collective française, car elle fait à peine partie de l'histoire nationale ; second handicap, son rôle est éclipsé par l'importance des empereurs pour qui elle œuvra : son père Maximilien Ier, son neveu Charles Quint. Ses années

Marguerite « l'auteur » de Brou

Brou vers 1780, aquarelle de Jean-Baptiste Lallemand (Paris, BnF). Le monastère royal de Brou était à l'origine en pleine campagne. Il fut édifié en peu de temps, de 1506 à 1532 : six ans pour le couvent et vingt ans pour l'église.

Brou, son architecture, son décor, sa fonction inscrite dans chaque pierre, ne peuvent se comprendre sans faire connaissance avec sa fondatrice, c'est-à-dire son « auteur » réel pour la mentalité de l'époque. En effet, il n'est pas rare, encore au début du XVIe siècle, de considérer les artistes comme de simples exécutants mécaniques des idées du commanditaire, à qui revient le véritable mérite de la création artistique. À Brou comme ailleurs dominait alors la pratique de payer les œuvres par contrat ou au forfait, en tenant compte de la quantité de travail à fournir, du nombre des collaborateurs et du coût des matériaux nécessaires. En somme, l'auteur – commanditaire ou fondateur – confiait son projet, de sa conception à son exécution, à divers intervenants qui devaient s'incliner devant les modifications demandées en cours d'élaboration.

Marguerite d'Autriche (église de Brou, détail du vitrail de l'Assomption). Marguerite d'Autriche fit édifier le monastère de Brou en mémoire de son époux, le jeune duc de Savoie Philibert le Beau dont elle resta veuve à 24 ans. Sur le vitrail de sa chapelle, elle apparaît resplendissante de jeunesse et parée de riches atours.

Les tombeaux de Brou en sont la preuve évidente : projets et artistes se succédèrent, mais le dernier mot, les choix définitifs restèrent à Marguerite d'Autriche. Elle façonna à son désir ces splendides sépultures, acceptant ou rejetant tel « pourtrait » (projet dessiné), désignant tel sculpteur dont elle appréciait les capacités et le style. Brou et les œuvres d'art qu'il renferme répondent donc au programme précis qu'elle a tracé, où s'entrecroisent un faisceau de motivations, qui ont pu évoluer au cours des vingt-cinq ans qu'a pris la réalisation du monastère.

Charles Ier, duc de Bourbon
(1401-1456)
épouse en 1425 Agnès de Bourgogne

Anne de France
(1461-1522)
fille de Louis XI
et tutrice de Charles VIII
épouse en 1474
Pierre II, duc de Bourbon,
sire de Beaujeu
(1439-1503)

Marguerite de Bourbon
(† 1483)
épouse en 1472
Philippe II,
duc de Savoie
(1443-1497)

Louise de Savoie
(1476-1531)
épouse en 1488
Charles de Valois,
Comte d'Angoulême
(1460-1496)

Philibert le Beau,
duc de Savoie
(1480-1504)

Marguerite
de Navarre
(1492-1549)

François Ier,
roi de France
(1494-1547)

Charles le Téméraire,
duc de Bourgogne
(1433-1477)

Maximilien Ier de Habsbourg
(1459-1519)
épouse en 1477
Marie de Bourgogne
(1457-1482)

Ferdinand d'Aragon
(1452-1516)
épouse en 1469
Isabelle de Castille
(1451-1504)

Marguerite d'Autriche
(1480-1530)
• épouse en 1483
Charles VIII
(dauphin, fils du roi
de France Louis XI)
• épouse en 1497
Don Juan de Castille
• épouse en 1501
Philibert le Beau

Philippe le Beau
(1478-1506)
épouse en 1496
Jeanne d'Aragon
(1479-1555)

Don Juan
de Castille
(1478-1497)

Charles Quint
(1500-1558)

Charles le Téméraire, école française du XVIe siècle (Domaine national des châteaux de Versailles et Trianon). Le dernier grand-duc de Bourgogne meurt en 1477. Il laisse à sa fille unique Marie, âgée de 20 ans, de vastes possessions : la Bourgogne et les Pays-Bas dont sa petite-fille, Marguerite d'Autriche, deviendra régente.

de jeunesse, qui s'achèvent à Brou avec la mort de Philibert le Beau, furent si ballottées par la politique européenne et si pleines d'avatars qu'elles lui inspirèrent la devise « Fortune Infortune Fort Une » (c'est-à-dire : la Fortune importune fort une femme). Elle trouva pourtant dans la deuxième moitié de sa vie un ancrage aux Pays-Bas où elle vint au monde et qu'elle gouverna pendant vingt-cinq ans. Ces territoires correspondaient alors aux actuels royaumes de Belgique et des Pays-Bas, passés de la domination bourguignonne à celle des Habsbourg par le mariage de Marie de Bourgogne, mère de Marguerite d'Autriche, avec Maximilien Ier.

Marie de Bourgogne, par Nicolas Reiser (Innsbruck, château d'Ambras). À 20 ans, elle épouse Maximilien de Habsbourg, pour se protéger du roi de France Louis XI qui convoite la Bourgogne. De ce mariage naissent deux enfants, Philippe le Beau et Marguerite d'Autriche, vite orphelins : leur mère meurt à 25 ans d'une chute de cheval.

Née en 1480 à Bruxelles, l'archiduchesse Marguerite d'Autriche est issue de deux des plus prestigieuses maisons d'Europe, celles de Bourgogne et de Habsbourg. Sa mère, Marie, était la fille unique du dernier grand duc de Bourgogne, Charles le Téméraire ; restée orpheline à 20 ans, Marie avait épousé le chevaleresque Maximilien de Habsbourg, âgé de 18 ans.

Aussi, pour Marguerite, la volonté de faire de Brou une œuvre exceptionnelle fut sans doute surtout dictée par la conscience du rang qu'elle se devait de tenir, par le souci d'être digne des lignées auxquelles elle appartenait. On le lui rappela dans son entourage au moment de la naissance du projet de Brou : « [...] d'autant qu'elle estoit fille d'un grand empereur et qu'elle avait esté royne [reine] de France et depuis espousé un si grand et renommé prince, il lui conviendroit faire de grans et insupportables fraiz pour faire chose digne de sa grandeur ».
Brou s'est élevé autour d'une histoire d'amour et de mort. Ce n'est donc pas un hasard si les tombeaux

Maximilien Ier, par Joos Van Cleve (Vienne, Kunsthistorisches Museum). Fils de l'empereur Frédéric III, Maximilien Ier sera lui-même empereur en 1493. En épousant à 18 ans Marie de Bourgogne, souveraine des Pays-Bas, il inaugure la brillante politique matrimoniale des Habsbourg, qui leur assurera une domination mondiale. Le jeune prince tient à la main un œillet, gage d'amour lors de la conclusion de ses fiançailles.

qui constituent les « principaulx membres aournements [ornements] » de cette église funéraire ont été pensés pour en égaler, voire en surpasser d'autres alors très célèbres : ceux des ducs de Bourgogne, ancêtres de Marguerite, celui que son père Maximilien faisait exécuter à Innsbruck, ou celui que sa rivale, la duchesse Anne de Bretagne, avait commandé pour ses parents dans la cathédrale de Nantes.

« Fortune Infortune Fort Une »

Marguerite d'Autriche enfant, école flamande, vers 1493 (Domaine national des châteaux de Versailles et Trianon).

À 3 ans, Marguerite d'Autriche est mariée au futur Charles VIII : elle est le gage d'un traité de paix entre Maximilien et Louis XI. Quelques mois plus tard, elle devient reine de France. À 11 ans, elle sera répudiée au profit d'Anne de Bretagne.

Reine de France, Marguerite l'a été, en titre sinon en réalité, pendant huit années de son enfance. Quant au « si grand et renommé prince » évoqué plus haut, s'agit-il de don Juan de Castille, infant d'Espagne, ou de Philibert le Beau, duc de Savoie, qu'elle a successivement épousés ? Voilà mentionnées les trois étapes marquantes de la jeunesse de

Marguerite d'Autriche qui s'écoule tour à tour dans les cours royales de France et d'Espagne, puis à la cour ducale de Savoie. Déroulons rapidement ces trois premiers actes, qui mettent en scène, autour de la princesse, quelques-uns des personnages historiques les plus illustres de l'époque.

Premier acte : la reine de France

La scène se passe aux Pays-Bas. Marguerite, âgée de 2 ans, vient de perdre sa mère. Les villes flamandes se soulèvent ; les Gantois prennent la petite princesse en otage avec son frère Philippe, âgé de 4 ans, et contraignent leur père, Maximilien, à signer une paix défavorable avec le redoutable roi de France, Louis XI. Ce traité est conforté par un mariage, celui de Marguerite avec le dauphin de France, futur Charles VIII.

Charles VIII et Anne de Bretagne, miniatures par Jean Perréal, livre d'heures, vers 1492-1495 (Paris, BnF).

La scène suivante a lieu à Amboise. Marguerite y mène le train de vie d'une reine de France, dont elle a le titre depuis la mort de Louis XI. Parmi ses compagnons de jeux se trouve un certain Philibert de Savoie, élevé lui aussi à la cour de France. Elle reçoit une éducation raffinée, et on la forme aux obligations rigoureuses de son rang : « Soiez toujours en port honorable, en manière froide et assurée, humble regard, basse parole, constante et ferme, toujours en ung propos sans fléchir », écrit Anne de Beaujeu, fille aînée de Louis XI, qui veille sur son éducation. Mais bientôt, nouvelle infortune, Marguerite d'Autriche, qui a 11 ans, est répudiée : la France vient d'annexer la Bretagne. La campagne militaire victorieuse est assortie du mariage du roi avec la jeune duchesse Anne.

La Fortune arrache la couronne de France à Marguerite d'Autriche, miniatures, Normandie, 1507-1509 (Vienne, Bibliothèque nationale d'Autriche).

Gisant de don Juan de Castille, par Domenico Fancelli, 1512-1513 (Avila, couvent Saint-Thomas). L'infant d'Espagne, fils des Rois Catholiques, épousa Marguerite d'Autriche en 1497. De santé fragile, il mourut sept mois plus tard, à 20 ans.

Deuxième acte : l'infante d'Espagne

Nous voici à Burgos en octobre 1497, à la cour des Rois Catholiques, Isabelle de Castille et Ferdinand d'Aragon ; les noces de leur fils don Juan avec Marguerite d'Autriche ont été somptueusement fêtées quelques mois plus tôt. L'année précédente, d'autres noces avaient été célébrées aux Pays-Bas : celles de l'archiduc Philippe, frère de Marguerite, avec l'infante Jeanne d'Aragon.
Ce double mariage a scellé l'alliance de l'Autriche et de l'Espagne contre la France. Mais aujourd'hui toute l'Espagne est en deuil : don Juan, gravement malade, vient de mourir dans sa vingtième année. Marguerite d'Autriche est veuve à 17 ans.

Ferdinand d'Aragon et Isabelle de Castille, *Vierge des Rois Catholiques,* détails, école hispano-flamande, vers 1490 (Madrid, musée du Prado).

Philippe le Beau, par Juan de Flandes, vers 1496-1500 (Vienne, Kunsthistorisches Museum). Le frère aîné de Marguerite, époux de Jeanne d'Aragon, eut six enfants dont le futur Charles Quint.

Troisième acte : la duchesse de Savoie

Nous sommes maintenant à Bourg-en-Bresse, une des capitales du duché de Savoie. Le 5 août 1502, la ville est en liesse pour la « joyeuse entrée » du jeune couple ducal, Marguerite d'Autriche et Philibert le Beau, qui se sont mariés quelques mois

Philibert le Beau, duc de Savoie, par Jean Mostaert (Madrid, musée du Prado). Par son mariage en 1501 avec ce jeune et beau prince, Marguerite devint duchesse de Savoie : ce fut une période heureuse mais qui ne dura que trois ans.

Marguerite d'Autriche, par Bernard Van Orley, vers 1520 (Bourg-en-Bresse, musée de Brou). Après la mort de Philibert, Marguerite refuse de se remarier. Dans ses portraits officiels, elle est désormais vêtue en veuve.

Médaille de Philibert et Marguerite (musée de Brou). Commandée à l'orfèvre Jean Marende, elle fut offerte au couple ducal lors de sa « joyeuse entrée » dans Bourg-en-Bresse en 1502.

plus tôt, en décembre 1501. Ils ont tous deux 21 ans, s'accordent à merveille et vont vivre quelques années de bonheur, entre les tournois, les parties de chasse et les soins de l'administration du duché, que la princesse a prise en mains.

La scène suivante se passe deux ans plus tard, le 10 septembre 1504, au château de Pont-d'Ain, près de Bourg-en-Bresse. La cour de Savoie est en deuil : le duc, âgé de 24 ans, vient de mourir. Au cours d'une partie de chasse, après avoir chevauché plusieurs heures au soleil, il avait fait halte près d'une fontaine ombragée dont il avait bu l'eau glacée. Pris de malaise, il fut emporté en quelques jours. « Ce fut pitié trop misérable de voir la très désconfortée Princesse, écrit le poète Jean Lemaire, entamer un deuil désespéré et non appaisable […] le corps du Prince defunct fut atourné de riches aornemens de prééminence ducale, et posé sur un grand lit de parement dedans une salle large et spacieuse, ainsi qu'il est d'ancienne coustume. »

Brou et la régente des Pays-Bas

Pour l'amour d'un prince...

Double page précédente ***Retable de la vie de saint Jérôme*** (détail), France ou Pays-Bas, 1518 (Bourg-en-Bresse, musée de Brou). Cette scène est inspirée d'une miniature illustrant la mort de Philibert et montrant, au premier plan, Marguerite en proie à la douleur.

Marguerite d'Autriche en prière dans sa chambre, Flandres, Maître de 1499 (Gand, musée des Beaux-Arts). Marguerite d'Autriche eut toujours soin de tenir son rang, comme en témoignent sa toilette et son cadre de vie. De même voulut-elle faire de Brou une œuvre digne d'une fille d'empereur.

♦Bulle : *lettre patente du pape, établissant un droit ou un privilège, portant un sceau de plomb (la* bulle*) et désignée par les premiers mots du texte, en latin.*

C'est alors que Brou entre dans la vie de Marguerite d'Autriche. Elle décide de réaliser le vœu fait vingt-quatre ans plus tôt par sa belle-mère, Marguerite de Bourbon, mais resté inaccompli : reconstruire, près de Bourg-en-Bresse, le petit prieuré bénédictin de Brou quasi abandonné. « En preuve de l'amour qu'elle portoit au prince defunct, incontinent après le trespas de son cher espoux, elle fit couper ses beaux cheveux aureins [dorés], et autant fit-elle faire à ses plus privées damoiselles ; et, en outre, elle a délibéré d'honorer le lieu où le corps de son feu seigneur est inhumé, et d'y élever un édifice grand et somptueux, là où perpétuellement seront establis gens de religion, qui prieront Dieu pour le salut de l'âme du défunct, et sera enrichie sa sépulture d'une œuvre mémorable », écrit Lemaire.

Voilà décrites deux des motivations principales qui commandent le programme de Brou tel que l'a voulu Marguerite d'Autriche : l'amour et la piété. Une église pour abriter son amour défunt, dans l'attente de le retrouver dans la vie éternelle, comme le promet la foi chrétienne. Un monument organisé en cercles concentriques autour du tombeau de Philibert le Beau. Au plus près de lui, de part et d'autre, les tombeaux des deux Marguerite chères à son cœur, sa mère et son épouse. Le chœur, presque aussi vaste que la nef, orné du sol aux voûtes des plus riches matériaux, des plus exquises œuvres d'art, leur fait un écrin précieux. Et au-delà de l'église, le couvent à trois cloîtres, la demeure des moines qui ont pour seule et unique mission de prier pour les trois nobles défunts enterrés dans le chœur.

Marguerite d'Autriche entreprend aussitôt d'exécuter son projet : elle négocie l'achat de terrains supplémentaires autour de Brou. Elle obtient une bulle♦ du pape Jules II pour remplacer les bénédictins par des augustins, en mémoire de Philibert, mort le jour de la fête de saint Nicolas de Tolentin, un augustin de la congrégation de Lombardie : c'est de cette congrégation qu'elle fera venir les religieux de Brou, et c'est à saint Nicolas de Tolentin qu'est dédiée

Maximilien Ier reçoit sa fille et ses petits-enfants, gravure sur bois, Allemagne, vers 1515 ; illustration pour *Der Weisskunig (Le Roi blanc)*, biographie de Maximilien Ier (Vienne, Bibliothèque nationale d'Autriche). À la mort de son fils, l'empereur nomme sa fille Marguerite régente des Pays-Bas et la charge de l'éducation de ses petits-enfants, dont le futur Charles Quint.

Tenture de David et Bethsabée, Bruxelles, 1515-1525 (Écouen, musée national de la Renaissance). La scène a pour cadre le palais du Coudenberg à Bruxelles. Elle évoque la brillante cour des Pays-Bas sous la régence de Marguerite d'Autriche.

l'église. Elle organise le financement des travaux, qui absorbera tous les revenus de son douaire♦ savoyard. Enfin, elle fait établir des projets architecturaux et des devis. Sous une pluie battante, elle pose la première pierre du nouveau monastère, le 28 août 1506, en présence du clergé, des premiers augustins arrivés d'Italie, de la cour de Savoie et de la population de Bourg-en-Bresse.

De Brou à Malines

Mais voici bientôt un nouveau deuil, et un nouveau changement de fortune. En effet, à l'automne de la même année, elle perd son frère Philippe qui laisse les Pays-Bas sans souverain, qui laisse aussi une veuve folle, Jeanne d'Aragon, et six petits enfants ; l'aîné, le futur Charles Quint, n'a que 6 ans. L'empereur Maximilien nomme alors sa fille Marguerite d'Autriche régente des Pays-Bas, et lui confie l'éducation des enfants.

♦**Douaire :** *droits et revenus de l'épouse survivante, accordés en dot à son mariage, établis sur une partie des biens de son mari.*

Charles Quint, par Bernard Van Orley (Bourg-en-Bresse, musée de Brou).

François Ier, par Jean Clouet (Paris, musée du Louvre).

Quittant le duché de Savoie pour toujours, elle installe sa cour à Malines. En relation avec la plupart des souverains d'Europe, elle s'impose par ses qualités de chef d'État. Ainsi contribue-t-elle largement à assurer l'élection de son neveu à la dignité impériale en 1519. Elle parvient également, par une diplomatie habile, à maintenir la paix pendant un quart de siècle dans les États dont elle a la charge, et à réconcilier à plusieurs reprises ses deux neveux ennemis, Charles Quint et François Ier.
Avec des goûts personnels simples, elle n'engage de coûteuses dépenses que pour accroître ses collections, notamment sa « librairie », riche en manuscrits enluminés. L'archiduchesse veille cependant à tenir son rang et mène dans son hôtel le train de vie d'une princesse régnante. On imagine la régente des Pays-Bas, vêtue du sombre costume des veuves ou parée de somptueux atours de soie, de velours ou de drap d'or, entourée d'une cour réunissant les grandes familles flamandes, bourguignonnes et savoyardes, et d'hôtes venus de l'étranger « pour y apprendre les gestes, manières et belles façons de faire ainsi que langaige ». Son hôtel est fréquenté par l'élite sociale, intellectuelle et artistique des Pays-Bas, dont Érasme, mais aussi par des peintres de passage, comme Dürer, qui admire ses collections.

Pendant sa régence, Marguerite d'Autriche entreprit plusieurs fois de réconcilier ses deux neveux Charles Quint et François Ier. Avec sa belle-sœur Louise de Savoie, elle négocia ainsi la « paix des Dames », signée à Cambrai en 1529.

Le chef-d'œuvre de la régente des Pays-Bas

Marques de tailleurs de pierre (église de Brou, piliers de la nef).

Marguerite d'Autriche suit désormais le chantier de Brou à distance mais avec un soin extrême. Ses hautes fonctions l'ont sans doute rendue plus consciente de l'excellence que devait atteindre son grand projet pour répondre à son rang et à la gloire de sa dynastie. Si elle avait conçu, étant encore en Bresse, un projet initial assez modeste pour une église destinée à abriter les tombeaux du duc de Savoie et de sa mère, deux ans après son arrivée aux Pays-Bas elle envisage un édifice d'une tout autre envergure. Car elle a décidé qu'elle aussi sera enterrée à Brou, comme en témoigne son testament, daté de 1509 : « Item, nous élisons la sepulture de nostre corps en l'esglise du couvent de sainct Nycolas de Tolentin lez Bourg en Bresse, lequel avons fondé et faisons présentement édifier et construyre. » Le premier projet, trop simple, ne peut plus convenir : Marguerite souhaite désormais faire de l'église un chef-d'œuvre, et des trois tombeaux de véritables monuments, exceptionnels par l'ampleur, par la qualité mais aussi par la nouveauté du programme. « Pour abriter la gloire d'une régente des Pays-Bas, pour magnifier les maisons de Bourgogne et d'Autriche, il fallait une œuvre grandiose », écrit l'historien Max Bruchet.

Philibert le Beau, par Conrad Meyt, sculpture en buis, vers 1520 (Berlin-Dahlem, Staatliche Museen).

C'est une église flamande que Marguerite d'Autriche fait réaliser à partir de 1513 : toutes les sources d'inspiration, tous les artistes dépêchés à Brou proviennent du brillant foyer artistique que constituent alors les Pays-Bas. Elle fait appel aux meilleurs peintres pour dessiner les « patrons et pourtraits » qui traduiront son ambition. Elle nomme un maître maçon réputé, Loys Van Boghem, pour diriger la construction. Elle reçoit avant son départ pour la Bresse le maître ymagier♦ brabançon qui a la charge de toute la petite statuaire en albâtre du chœur et de sa chapelle, et passe contrat avec le sculpteur Conrad Meyt, pensionné à sa cour, dont elle possède plusieurs œuvres, pour l'exécution des cinq grands gisants. De Bruxelles, elle fait envoyer les cartons♦ peints des vitraux aux maîtres verriers lyonnais qui travaillent à Brou.

Armes de Marguerite d'Autriche (église de Brou, vitrail du chœur).

♦***Ymagier*** *(ou imagier) : sculpteur, statuaire.*

♦***Carton, cartonnier :*** *le carton est le projet dessiné et peint d'après lequel on exécute l'œuvre dans une technique particulière (vitrail, sculpture, tapisserie). Le cartonnier est l'artiste auteur du carton.*

L'église de Brou doit transmettre un message dynastique, tout autant que commémorer l'amour de Marguerite pour le beau duc de Savoie, ou célébrer sa foi et son espérance en la vie éternelle. Partout éclate la splendeur du rang de la princesse, partout se multiplient ses emblèmes et, à un

Loys Van Boghem,
architecte de l'église de Brou

L'église en construction, maquette, 1996 (église de Brou). Commencée par le chœur, l'édification progressa peu à peu vers le portail ouest : vers 1525, on en était au milieu de la nef.

Né en 1470 à Bruxelles dans une famille de maîtres maçons, Loys Van Boghem travaille dans cette ville à plusieurs chantiers importants, comme ceux du palais du comte de Nassau, de la Maison du roi sur la grand-place et de la galerie neuve du palais de Charles Quint, avec d'autres maîtres célèbres tels Henri Van Pede ou les Keldermans. Sérieux et pragmatique, il est volontaire, têtu, d'un caractère rude et emporté. Mais il saura – conformément à sa devise, « Jusque à la fin » – mener à son terme la construction de l'église de Brou. Il est d'abord chargé des seuls travaux de maçonnerie et de taille de pierre, mais peu à peu son autorité grandit et il reçoit aussi la tâche de diriger les autres corporations. Il est cependant très encadré : depuis Malines par les instructions écrites et les émissaires qu'envoie régulièrement la princesse et, sur place, par les moines, par le Conseil de Bresse et par un « maître de l'œuvre » chargé des finances. Après la fin du chantier de Brou, en juillet 1532, il revient en Flandre où il édifie, jusqu'à sa mort en 1540, divers bâtiments pour Charles Quint.

Devise de Loys Van Boghem, extraite de son livre d'heures (Bruges, grand séminaire).

Devises de Marguerite d'Autriche, initiales P et M. et marguerite portée, par deux personnages (clés de voûte de sa chapelle).

Lacs d'amour : *cordons décoratifs entrelacés formant des boucles.*

moindre degré, ceux de Philibert : initiales P et M. reliées par des lacs d'amour♦, bouquets de marguerites, croix de Saint-André et rabot – armes de la Bourgogne –, portraits et armoiries du couple ducal répétés sur les vitraux. Le programme iconographique des vitraux du chœur est arrêté avec soin : il allie aux apparitions du Christ ressuscité, d'après Dürer (l'artiste avait offert un exemplaire de toutes ses gravures à la régente), une longue suite d'armoiries des ancêtres du couple ducal.

Pour ceux de Marguerite d'Autriche, le choix de trente-deux blasons au sein des prestigieuses lignées bourguignonne et autrichienne a dû être mûrement réfléchi. Un compte rendu de chantier de 1527 précise : « Oultre plus, l'on est après la verrière de Madicte Dame, en laquelle saincte Marguerite représente Madicte Dame, mais le dessus dèz le commancement où vont les armes ne s'achevera jusques a ce que maistre Loys ayt parler a Madicte Dame pour d'elle savoir son bon plesir et vouloir. »
La construction de Brou commença, en 1506, par les bâtiments monastiques. Distribués autour de trois cloîtres, ils se signalent par leurs vastes dimensions : plus de 5 000 mètres carrés de salles et de galeries, pour douze moines et quelques frères lais, en tout une vingtaine d'occupants. L'ampleur harmonieuse du couvent traduit à sa façon, à côté de la richesse de l'église, la volonté de réaliser une fondation vraiment royale, ce que perçurent bien les contemporains. En 1511, le Lyonnais Jean Perréal écrit à Marguerite d'Autriche : « Le logis déjà fait est si grand et si magnifique que je ne sais ce que l'on dira, sinon que les religieux sont plus dignes que Dieu d'être somptueusement logés. » Un an plus tard, les augustins peuvent s'y installer. Bien rentés, ils vivent dans l'abondance pendant quelques années : « Moi et tous les beaux pères et frères de Brou, la Grâce Notre Seigneur, faisons bonne chère, servant Dieu dans la joie », écrit en 1519 le prieur à la princesse.

Ultime revers de la fortune, Marguerite d'Autriche n'aura jamais vu ce monastère qui revêtait pourtant une telle importance pour elle. En novembre 1530, alors qu'elle s'apprêtait enfin à venir le visiter, elle tombe malade et meurt dans la nuit du 30, en son hôtel de Malines ; elle avait 50 ans. Son corps attendra deux ans à Bruges la fin des travaux avant d'être accueilli à Brou. Il y repose depuis près de cinq cents ans, dans un caveau sous le pavage du chœur, auprès de ceux de Philibert le Beau et de Marguerite de Bourbon.

Retable de la Crucifixion, par Bernard Van Orley (Bruges, église Notre-Dame). La régente des Pays-Bas commanda ce grand retable à son peintre officiel pour le chœur de l'église de Brou. Il était inachevé à la mort de la princesse, et son héritier Charles Quint le garda aux Pays-Bas.

Testament de Marguerite, initiale calligraphiée ornant la première page (Bourg-en-Bresse, archives de l'Ain).

Double page suivante
Vitrail de l'Assomption (église de Brou, chapelle de Marguerite). Comme ceux du chœur, ce vitrail a été réalisé d'après un projet envoyé des Pays-Bas : l'église de Brou est avant tout d'inspiration flamande.

VNE
ORTVNE FORT

Brou au fil des siècles

La situation du monastère change après la mort de Marguerite d'Autriche. Désormais, la rente annuelle doit aussi servir à l'entretien des bâtiments, qui se révèle vite un gouffre. Au XVIIe siècle, la situation est tellement désastreuse que, pressés par le duc de Savoie et Louis XIV, les augustins de Lombardie sont contraints de céder la place aux augustins déchaussés de France, alors beaucoup plus riches. Un siècle plus tard, ceux-ci se trouvent à leur tour dans la gêne après avoir fait des dépenses considérables pour restaurer l'église et le couvent.

Détail de l'atlas *Le Dauphiné et ses confins,* par Jean de Beins, 1607 (Londres, British Library). C'est la plus ancienne représentation connue de Brou. Le monastère était au milieu des champs, à « mille pas » de la ville de Bourg-en-Bresse. Le clocher de l'église était couronné d'un dôme et d'une flèche, détruits à la Révolution.

La Révolution française supprime les ordres religieux et, en 1791, les augustins doivent abandonner Brou. L'état des lieux dressé alors révèle un bâtiment en mauvais état et bien pauvrement meublé. Le couvent et l'église sont sur le point d'être vendus, mais le conventionnel bressan Thomas Riboud obtient de l'Assemblée constituante que Brou soit rangé au nombre des monuments nationaux à conserver aux frais de l'État. Il ne peut toutefois empêcher la démolition du couronnement du clocher.

Pendant une trentaine d'années, le monastère reçoit diverses affectations : l'église sert de grenier à fourrage pour l'armée, ce qui protège tout le décor intérieur, caché sous le foin – les sculptures extérieures auront moins de chance. Le couvent devient successivement prison, caserne de cavalerie, dépôt de mendicité, hospice d'aliénés ; en 1823 Brou est remis au clergé, qui y installe le grand séminaire

Tombeau des Gorrevod, par Lallemand, vers 1780 (Paris, BnF). Sur une table de marbre noir reposaient les gisants en bronze de Laurent de Gorrevod, de ses deux épouses successives et de son fils. Le tombeau fut détruit à la Révolution et le bronze récupéré pour faire des canons.

diocésain. Chacun de ces occupants transforme les bâtiments monastiques pour les adapter à de nouveaux usages, défigurant passablement l'architecture d'origine. L'église, quant à elle, bénéficie de diverses campagnes de restauration. L'ensemble du monastère est classé monument historique en mars 1887.

À la suite de la séparation de l'Église et de l'État, le séminaire quitte Brou à son tour en 1907. Après la Grande Guerre, qui utilise les lieux comme hôpital militaire, la Ville de Bourg-en-Bresse négocie l'achat d'une partie du couvent et y installe son musée en 1922. L'église, désaffectée, est ouverte à la visite. Dans les années trente à cinquante, d'importants travaux de restauration contribuent à restituer les dispositions d'origine des bâtiments monastiques.

Tombeau de Philibert le Beau, dessin de A. É. Fragonard, lithographie d'Engelmann, 1825 (Bourg-en-Bresse, médiathèque Vailland).

La nouvelle couverture de tuiles vernissées est une reconstruction fidèle de la toiture originale du grand comble de l'église aux quatre couleurs disposées en losanges. Les tuiles, réalisées de façon quasi artisanale, restituent les nuances variées et les irrégularités de forme de celles du XVIe siècle. La charpente « à la française » a été elle aussi restituée dans sa partie haute, en conservant tous les bois d'origine qui en constituaient encore la base.

Résurrection d'une toiture

Au milieu du XVIIIe siècle, les augustins de France sauvent l'église de la ruine en faisant restaurer sa toiture, au prix d'une importante transformation. Sa brillante couverture de tuiles polychromes vernissées avait déjà peu ou prou disparu avec les réparations successives faites en tuiles brunes ordinaires. La charpente originelle à la française, c'est-à-dire haute et aiguë, conforme à la ligne des frontons, est alors mansardée. Cette modification correspond sans doute davantage au goût du jour; elle répond surtout à des contraintes économiques. À une époque de pénurie de bois d'œuvre, et faute de ressources financières suffisantes, il faut se contenter de remanier la charpente du XVIe siècle dont le sommet et les extrémités latérales ont pourri à la suite d'infiltrations d'eau. La partie basse de la charpente est conservée et renforcée par des maçonneries; la partie supérieure, après suppression des extrémités détériorées, est abaissée par recoupage des bois d'origine qu'on réemploie. Désormais, la forme tassée de la toiture lui fait perdre toute cohérence avec les frontons gothiques des façades et dessert globalement l'aspect de l'édifice.

Cependant, cette restauration bien conçue a duré plus de deux siècles. Mais en dépit des travaux d'entretien, on constate dans les années soixante-dix de nombreux désordres : l'état général de la toiture nécessite une restauration d'ensemble. Diverses études historiques et techniques sont alors commandées. Les dispositions d'origine étant clairement attestées par les archives, et confirmées par les analyses techniques et les éléments de la charpente encore en place, on choisit de rétablir le grand comble à la française avec sa couverture de tuiles vernissées de quatre couleurs disposées en losanges, qui rend à l'église son caractère précieux. Cette reconstruction à l'identique a été réalisée de 1996 à 1999.

Ci-dessous
La charpente avant et après restauration, et marque de charpentier.

Visite

L'église

Bâtie sur un plan traditionnel en croix latine, l'église de Brou a de vastes proportions. De 72 mètres de long sur 30 de large, ses voûtes montent à 21 mètres de haut dans la nef et le chœur. Elle comporte une nef à quatre travées élevée sur deux étages avec collatéraux♦ et chapelles, un transept saillant, un chœur très allongé flanqué de quatre chapelles et terminé par une abside polygonale. La tour du clocher, haute de six étages, est située au sud du chœur, entre deux des chapelles.
Le gothique flamboyant y déploie toute son inventivité, comme encore partout au nord des Alpes à cette époque : voûtes d'ogives aux dessins complexes, piliers abondamment moulurés, clés de voûte richement ornées, tours de force de stéréotomie♦, sculptures étourdissantes.
À l'extérieur, la profusion décorative se concentre sur les portails ouest, nord et sud. La façade occidentale annonce, par sa composition en trois corps accolés inscrits dans un grand triangle, la structure intérieure tripartite de la nef et des collatéraux. Elle se présente comme un véritable manifeste du style flamboyant, offrant un inventaire virtuose de motifs architecturaux aux formes parfois inattendues et de détails ornementaux qui ne laissent guère de surfaces nues.
Les autres élévations sont plus sobres, largement percées de grandes baies, inhabituelles dans la région et fortement inspirées des édifices flamands.

♦***Collatéraux :*** *nefs latérales d'une église, de part et d'autre de la nef principale.*

♦***Stéréotomie :*** *taille et coupe des pierres et des matériaux de construction.*

La nef

Les grandes fenêtres des chapelles et de l'étage la rendent très lumineuse. Avec ses murs nus, ses puissants piliers et ses verrières incolores, elle est volontairement sobre pour mieux faire contraste avec la richesse du chœur. Vers le portail ouest, entre deux piliers, un bénitier de marbre noir réalisé en 1548 porte sur son pourtour la devise de Marguerite, « Fortune Infortune Fort Une », et celle de la maison de Savoie, « FERT », à la signification obscure. Les chapelles des bas-côtés et du transept sont fermées par des clôtures de chêne sculpté de style Renaissance, une des rares traces de ce style dans l'église de Brou.

Le jubé

À l'entrée du chœur se dresse un des rares jubés♦ subsistant en France. Trois arcades en anse de panier♦, festonnées d'une guipure de pierre, sont soutenues par quatre piliers rectangulaires cantonnés de colonnettes.
Ces arcades sont surmontées chacune par une triple accolade dont les fleurons se profilent sur la balustrade ajourée du sommet.
Le décor flamboyant annonce les splendeurs du chœur. Dans cette exubérante végétation de pierre, la feuille de chou frisé prédomine parmi d'autres espèces comme la vigne et le chêne.
On trouve aussi des symboles du couple ducal comme les initiales (P et M), ou des bouquets de marguerites et des plumes, armes parlantes♦ de la princesse.
Le jubé, destiné d'ordinaire à isoler le chœur de la nef, a été conçu ici pour porter à son sommet une galerie de circulation reliant l'oratoire haut de la chapelle de Marguerite, au nord de l'église, et la galerie haute du premier cloître, au sud, qui mène aux appartements du bâtiment des hôtes.
Une superbe porte de chêne sculpté ferme le jubé. Elle est encadrée par deux autels au-dessus desquels deux tableaux du XVIIe siècle représentent, à droite, saint Augustin, patron des moines de Brou, avec sainte Monique, sa mère, et, à gauche, saint Nicolas de Tolentin à qui l'église est dédiée.

♦Jubé : *grande tribune transversale élevée entre la nef et le chœur.*

♦Anse de panier (arc en) : *arc dont la courbe surbaissée a la forme d'une demi-ellipse.*

♦Armes parlantes : *signes ou emblèmes caractéristiques qui évoquent la personne à qui ils sont attribués.*

Le chœur

Cette partie essentielle de l'édifice a été particulièrement soignée, tout comme la chapelle de Marguerite d'Autriche sur son côté nord. Ici se concentrent les œuvres d'art qui font la célébrité de Brou.

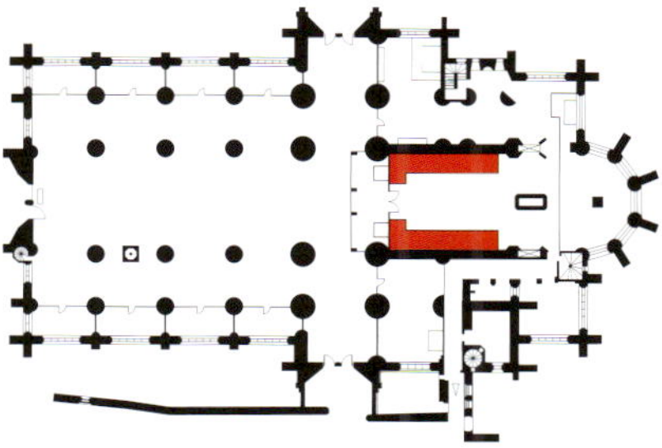

Les stalles

Les stalles de chêne, réalisées de 1530 à 1532, sont réparties le long des deux travées du chœur : elles se composent, de chaque côté, d'une double rangée de seize stalles basses et vingt et une stalles hautes. Elles reflètent le travail de deux équipes : si leur structure est encore de tradition médiévale, elles sont aussi fortement marquées par l'esprit nouveau venu des Pays-Bas, où fut dessiné le projet. L'aspect traditionnel de leur facture est à mettre au compte de l'atelier local dirigé par le Bressan Pierre Berchod, dit Terrasson. Celui-ci se chargea surtout de la menuiserie, c'est-à-dire du bâti de la charpente, des sièges proprement dits avec leurs sobres miséricordes♦ taillées dans la masse, et d'une partie du décor flamboyant. En revanche, l'intervention de sculpteurs flamands plus novateurs est évidente dans la statuaire et les panneaux historiés : la torsion des corps allongés, les gestes fougueux et véhéments, le déhanchement des figures les apparentent au maniérisme des Pays-Bas, style caractérisé par la recherche de l'effet et du mouvement, le goût pour le pittoresque, l'insolite, le fantastique. Cette sculpture étonnante reprend les thèmes traditionnels de l'iconographie des stalles : l'Ancien Testament, au sud, et le Nouveau Testament, au nord.

♦***Miséricorde :*** *sellette fixée sous l'abattant du siège d'une stalle, permettant, quand celui-ci est relevé, de s'asseoir discrètement tout en paraissant être debout.*

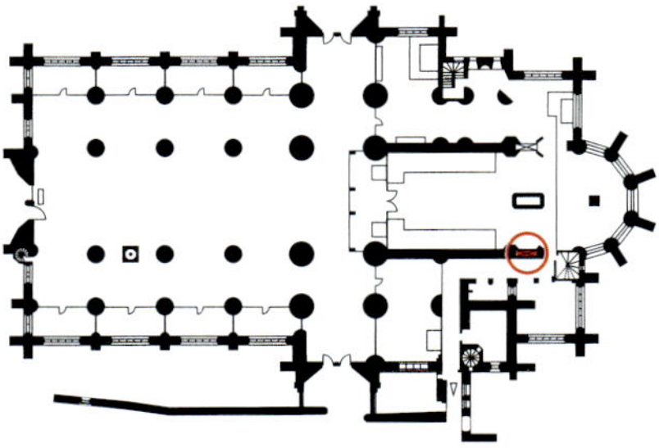

Les tombeaux

Leurs dessins furent réalisés avant juillet 1516 par Jean Van Roome, dit Jean de Bruxelles, peintre qui travaillait alors pour la cour des Pays-Bas et célèbre notamment pour ses cartons de tapisseries (on lui doit par exemple ceux de la tenture de David et Bethsabée). L'architecture, le décor et les statuettes des tombeaux furent exécutés par des sculpteurs brabançons venus travailler pendant plusieurs années à Brou ; leur tâche était presque terminée en 1522. Les grands gisants et les angelots qui les accompagnent ont été sculptés de 1526 à 1530 par Conrad Meyt et ses aides. Ce grand artiste né à Worms, attaché à la cour de Marguerite, fit l'essentiel de sa carrière aux Pays-Bas.

Le tombeau de Marguerite de Bourbon

Des trois tombeaux, celui de la mère de Philibert le Beau est le plus simple et le plus traditionnel. Il est installé en enfeu♦ dans le mur sud. Son encadrement offre un étourdissant décor flamboyant peuplé de statuettes de saints et de saintes, tels sainte Marguerite écrasant un dragon, sainte Catherine d'Alexandrie foulant aux pieds un philosophe païen, ou encore saint André portant la croix en X sur laquelle il fut supplicié. Sur une dalle de marbre noir, le gisant de la duchesse, en albâtre, la représente vêtue d'un manteau de cour, la tête reposant sur un coussin, les pieds appuyés contre une levrette, symbole de fidélité, et entourée d'angelots portant des écus. Le soubassement du tombeau abrite sous des arcatures de petits pleurants alternant avec des angelots : ces pleurants, qui figurent des personnages de la cour en costume de deuil, rappellent ceux des tombeaux des ducs de Bourgogne à Dijon.

♦***Enfeu :***
niche funéraire à fond plat pratiquée dans un mur pour y installer un tombeau.

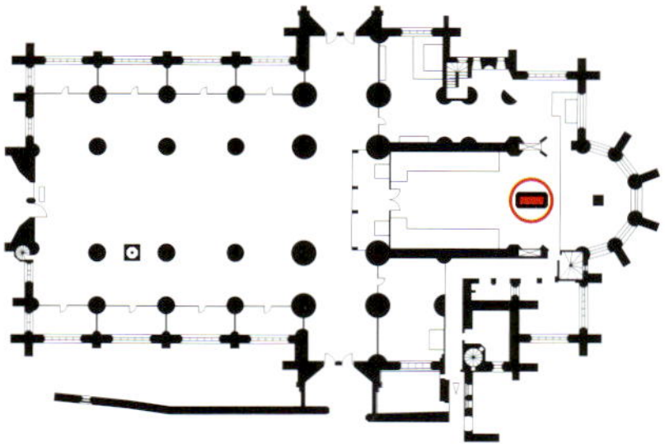

Le tombeau de Philibert le Beau

Au centre du chœur, place insigne, il constitue le point de convergence de tout l'édifice. Le tombeau du duc de Savoie, comme celui de Marguerite d'Autriche, son épouse, est à deux étages : le personnage en marbre « au vif » (ou gisant), en costume de cour, surmonte le défunt nu dans son linceul, « image de la mort » (ou transi) sculptée à l'étage inférieur en albâtre. Cette conception est sans doute inspirée du cérémonial des funérailles princières. Il était en effet de coutume d'exposer sur un lit de parade, au-dessus du cercueil où reposait le cadavre, un mannequin portant vêtements d'apparat et insignes du pouvoir, et dont le visage était un masque de cire moulé sur celui du défunt. Cette double représentation est aussi une manière de traiter le thème du *memento mori* (« souviens-toi que tu mourras ») et de la vanité de la vie terrestre. Le soubassement du tombeau

offre un riche décor flamboyant. Les piliers moulurés sont cantonnés de niches abritées par des dais ajourés sommés de pinacles♦ et de clochetons. Dans ces niches, dix Sibylles, élégantes et gracieuses, figurent des prophétesses de l'Antiquité païenne – toutes plus ou moins inventées à la fin du Moyen Âge – censées avoir prédit la venue du Christ. À Brou, la plus célèbre d'entre elles est la Sibylle Agrippa aux longues tresses, dont l'attribut est un fouet car elle aurait annoncé la flagellation du Christ : on distingue encore le long de sa robe les vestiges de la corde à nœuds d'un fouet.

♦***Pinacle :*** *dans l'architecture gothique, petite pyramide ajourée ornée de fleurons qui couronne un contrefort, un pilier, une saillie.*

Le tombeau de Marguerite d'Autriche

***Archivolte :** bande moulurée concentrique à l'intrados (la partie intérieure et concave) d'une arcade.*

Il semble prolonger le mur nord du chœur vers l'abside. Son architecture aux dimensions imposantes évoque un majestueux lit de parade à baldaquin. Ici, comme au tombeau de Marguerite de Bourbon, cette architecture est peuplée de gracieuses statuettes de saints et de saintes. Les fastes du gothique flamboyant s'épanouissent à profusion dans son décor. Ce ne sont que cannelures, niches, pinacles, arcatures aux archivoltes* festonnées, feuilles de chou frisé, où se multiplient les symboles rappelant la princesse : plumes et marguerites en bouquets, initiales P et M, armes de Bourgogne (la croix de Saint-André et le rabot), armoiries soutenues par des anges, sans oublier la devise que s'était choisie Marguerite, « Fortune Infortune Fort Une ».

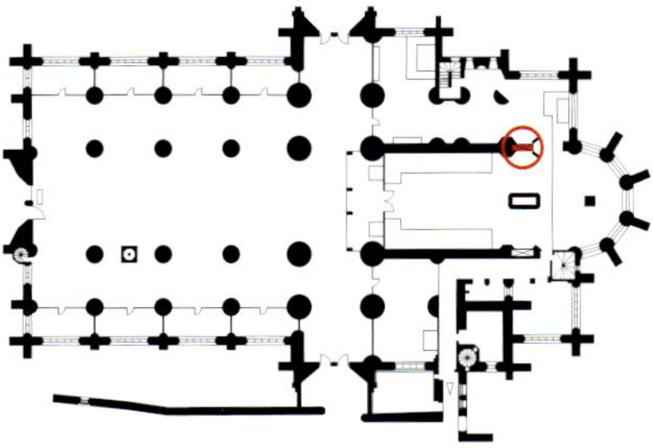

Comme celui du prince, ce tombeau comporte deux représentations superposées de la défunte. Alors qu'à l'étage supérieur le gisant en marbre est un portrait réaliste de la régente des Pays-Bas âgée d'une cinquantaine d'années, en costume de cour, le transi en albâtre de l'étage inférieur montre, enveloppée dans son linceul, une femme transfigurée au visage beaucoup plus jeune, aux yeux mi-clos. Cette image sereine de la mort perpétue ici la tradition médiévale qui représente l'être humain dans

l'espérance de la résurrection, le visage tourné vers l'est, les yeux ouverts sur une aube nouvelle, le corps ayant déjà retrouvé la jeunesse idéale de la vie éternelle. En revanche, cette différence d'âge n'est pas sensible entre les deux effigies du duc de Savoie qui mourut jeune, à 24 ans.

Trois fenêtres du chœur.

Les vitraux

Les vitraux historiés de l'église ont été réalisés, entre 1525 et 1531, par un atelier temporairement installé près de Brou où travaillaient des verriers de la région, probablement venus de Lyon, à partir de cartons envoyés des Pays-Bas.
Pour contraster avec les sobres verrières incolores de la nef, ils ont été réservés au chœur, à ses chapelles et aux deux extrémités du transept ; celui du transept nord a disparu très tôt au XVIe siècle, à la suite d'un orage de grêle.

Les vitraux des cinq fenêtres du chœur forment une sorte de grand triptyque : la double scène sacrée de la fenêtre centrale est encadrée par des « volets » où figurent Marguerite d'Autriche et Philibert le Beau introduits par leurs saints patrons et accompagnés d'une longue théorie d'armoiries qui occupent pour chacun des donateurs une fenêtre et demie. À droite, au-dessus et à côté de la princesse présentée par sainte Marguerite, ce sont les armes de ses ancêtres de la maison de Bourgogne, où brillent les lys d'or sur azur des princes de France, et les armes de la maison de Habsbourg, identifiables à l'aigle noir à deux têtes sur fond d'or. À gauche, au-dessus du groupe du duc de Savoie et de saint Philibert de Tournus, se trouvent les armoiries de possessions de la maison de Savoie comme Aoste et Gex, Genève et Nice, mais aussi Chypre et Jérusalem.
La dernière fenêtre à gauche est réservée aux ancêtres paternels et maternels du duc : les comtes et ducs de Savoie reconnaissables à la croix d'argent sur fond de gueules*, et les ducs de Bourbon depuis Saint Louis, qui portent eux aussi les lys de France.
Ces verrières héraldiques sont caractéristiques du goût des Habsbourg, qui en ont offert bien d'autres à des églises des Pays-Bas ou de l'Empire.
Sur la fenêtre centrale sont représentées deux apparitions du Christ ressuscité – à sa mère, en bas, à la Madeleine en haut –, reprises de gravures de Dürer. Les scènes illustrant la Résurrection et la croyance en la vie éternelle sont particulièrement

***Gueules :** *couleur rouge en héraldique.*

Anges musiciens de la chapelle de Marguerite.

adaptées au décor d'une église funéraire ; d'autres apparitions du Christ ressuscité figurent d'ailleurs dans les vitraux de deux chapelles du chœur. Les vitraux de Brou nous sont parvenus quasiment intacts, éclatants et lumineux. Conçus pour une église princière, ils éblouissent par la richesse des harmonies de couleurs et par la somptuosité du rendu des matières, notamment des tissus : draps d'or, velours, brocarts et damas. Composés de façon monumentale, pour être vus de loin, ils n'en ont pas moins été traités avec un souci minutieux du détail. Le luxe des nuances dans le modelé et la finesse du dessin justifient pleinement l'expression de « peinture sur verre ».

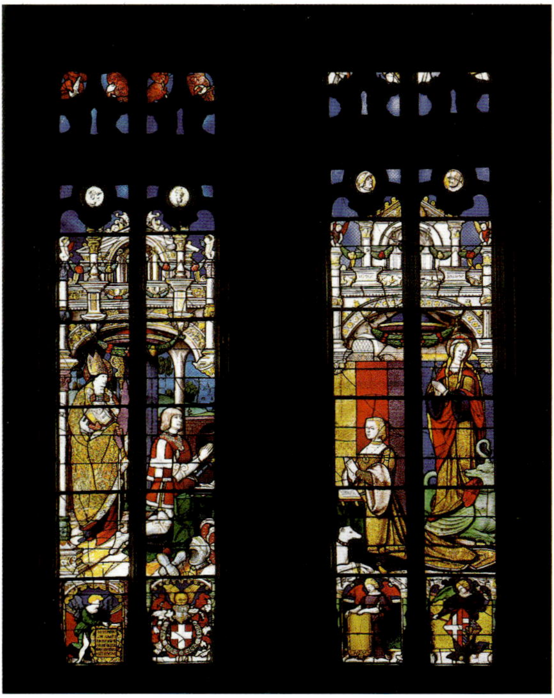

À gauche
Le duc de Savoie et saint Philibert.

À droite
Marguerite d'Autriche et sainte Marguerite.

1

La chapelle de Marguerite d'Autriche

***Assomption :** dans le culte catholique, enlèvement miraculeux de la Vierge au ciel au moment de sa mort.*

***Grisaille :** peinture monochrome en camaïeu gris.*

***Jaune d'argent :** couleur jaune d'or obtenue par des sels d'argent contenus dans de l'ocre.*

L'architecte Loys Van Boghem avait écrit à Marguerite d'Autriche qu'il ferait de sa chapelle un vrai chef-d'œuvre : de fait, rien n'a été négligé pour son ornement.
Elle possédait à l'origine un carrelage de faïence. Ici seulement, les armes parlantes de la princesse, suspendues aux clés de voûte2, sont enluminées d'une riche polychromie.
Dans cette chapelle se trouve le plus grand des vitraux historiés de Brou. Il est consacré à l'Assomption• (voir p. 24-25), thème alliant la glorification de la femme et la résurrection dans la vie éternelle.
Le cartonnier du vitrail a repris la composition d'une gravure de Dürer à laquelle il a ajouté au premier plan les figures agenouillées de Marguerite et de Philibert présentés par leurs saints patrons et accompagnés de leurs armoiries.
Au-dessus de l'Assomption court une frise en grisaille• et jaune d'argent• : *Le Triomphe de la Foi*, d'après une gravure de Titien, est une allégorie de l'histoire de l'humanité depuis Adam et Ève jusqu'aux saints contemporains, les figures de l'Ancien et du Nouveau Testament encadrant le char triomphal du Christ ressuscité. Les entrelacs de pierre du sommet de la fenêtre sont peuplés de beaux anges musiciens, que l'on retrouve au sommet de la plupart des vitraux de Brou. Sous la fenêtre, nouveau raffinement, le mur nord est décoré d'arcades en marbre blanc, agrémentées de motifs finement ciselés, au-dessus d'un long banc de marbre noir.

2

3

4

Le mur est de la chapelle de Marguerite est occupé par un monumental retable♦ d'albâtre1, sculpté par le même atelier flamand qui travailla à la petite statuaire des tombeaux. Dédié aux Sept Joies de la Vierge, il retrace divers épisodes heureux de la vie de Marie, dans des compartiments traités comme des scènes de théâtre minutieusement détaillées. En bas prennent place *L'Annonciation* et *La Visitation*3. Au-dessus, *L'Adoration des bergers* et *L'Adoration des mages*4 sont surmontées de *L'Apparition du Christ ressuscité à sa mère* et de *La Pentecôte*. Ces quatre scènes encadrent une grande niche verticale où figure *L'Assomption :* la Vierge en apothéose est entourée d'un vol d'anges aux longues robes à la flamande.

La chapelle de Marguerite d'Autriche est complétée par deux oratoires superposés. Le premier communique de plain-pied avec la chapelle, l'autre est accessible par la galerie du jubé ; tous deux sont pourvus d'une élégante cheminée encadrée de bancs. À chaque étage, un bel arc en biais orné de feuillages sculptés permettait de suivre les offices célébrés dans la chapelle ou dans le chœur.

♦Retable : *tableau peint ou relief sculpté, généralement de grand format, surmontant la table d'autel.*

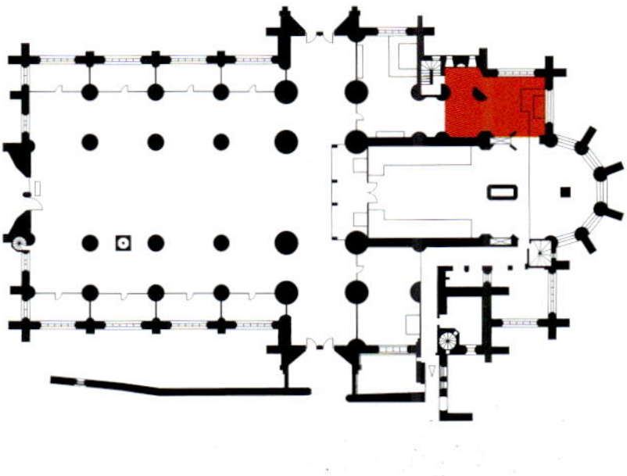

Les chapelles de Montecuto et de Gorrevod

Le chœur est encore flanqué de deux chapelles ouvrant sur le transept. Elles portent le nom de deux personnages de l'entourage de Marguerite d'Autriche : Antoine de Montecuto, aumônier de la princesse, et Laurent de Gorrevod, qui appartenait à la haute noblesse savoyarde. Eux seuls ont eu cet honneur dans le chœur d'une église consacrée à la mémoire de la princesse et de sa famille.

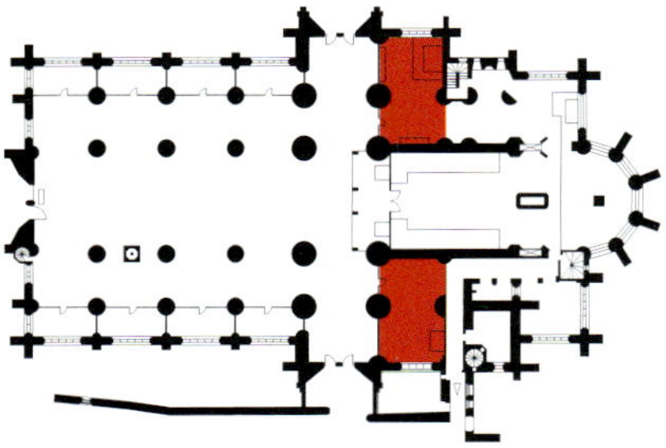

Au sud, la chapelle de Montecuto était aussi dédiée à Notre-Dame des Sept Douleurs, comme en témoigne le retable peint au-dessus de l'autel. L'apparition du Christ ressuscité aux pèlerins d'Emmaüs est peinte sur le vitrail de cette chapelle ; sur le côté droit, Antoine de Montecuto1, agenouillé et présenté par son saint patron, assiste à la scène sacrée.

Au nord, la chapelle de Gorrevod est située entre l'oratoire de Marguerite d'Autriche et le bras du transept. Le seigneur de Gorrevod figure à droite sur le vitrail de la chapelle, avec son patron, saint Laurent, reconnaissable au gril de son martyre ; à gauche apparaît son épouse, Claudine de Rivoire, accompagnée de saint Claude. Au centre du vitrail figure *L'Incrédulité de saint Thomas*2. Contre le mur est de la chapelle se trouve aujourd'hui le maître-autel du chœur, surmonté d'un retable peint où saint Nicolas de Tolentin est entouré de saint Augustin et de sainte Monique. Cette œuvre du Bisontin Pierre Dargent date de 1574. Elle fut commandée par le cardinal de Granvelle pour remplacer le grand triptyque commandé par Marguerite d'Autriche à Bernard Van Orley. Le triptyque était inachevé à la mort de celle-ci, et son héritier Charles Quint préféra le garder aux Pays-Bas : on peut le voir dans l'église Notre-Dame de Bruges.

1

2

Le pavage

Il subsiste au pied des tombeaux quelques vestiges du carrelage d'origine en faïence, très précieux mais très fragile et rapidement usé. Il était constitué de carreaux aux tons bleu, jaune et blanc. Quatre carreaux hexagonaux ornés de branchages entrelacés entouraient un carreau carré au décor chaque fois différent : des personnages antiques ou contemporains côtoyaient ainsi des trophées d'armes, des devises, des instruments de musique. Il faut imaginer la somptuosité de ce tapis de faïence, qui contribuait à transformer le chœur de l'église en un écrin splendide en tous points, du sol aux voûtes ; détail raffiné, celles-ci reçurent un élégant enduit rose et blanc dessinant un faux appareil♦ de pierre.

En haut
« Le tapis de faïence », gouache, par Louis Dupasquier, 1845 (Bourg-en-Bresse, médiathèque Vailland).

♦***Faux appareil :*** *représentation fictive, peinte sur le mur enduit, d'un appareil de pierres taillées.*

Le monastère

Le charme du monastère tient pour beaucoup à ses trois cloîtres bordés de galeries haute et basse, particularité qui fait de Brou un cas unique en France.

Chaque cloître répondait à une fonction particulière. Le premier, qui desservait le bâtiment des hôtes, était en quelque sorte une transition entre le monde extérieur et la communauté des moines.

Il aurait pu être aussi un espace réservé au domaine princier, si Marguerite d'Autriche y avait séjourné avec sa suite, comme cela était prévu. Le deuxième, le plus grand, remplissait la fonction traditionnelle du cloître, lieu de méditation et de promenade pour les moines.
Quant au troisième, le plus reculé, sans communication directe avec les deux autres, il répondait aux besoins de la vie domestique.

Le musée municipal de Brou présente ses collections permanentes et ses expositions temporaires dans les anciens bâtiments monastiques.

Créé en 1854 à l'hôtel de ville de Bourg-en-Bresse grâce au legs de la famille Lorin et constamment enrichi depuis, installé à Brou depuis 1922, le musée de la Ville de Bourg-en-Bresse expose aujourd'hui un bel ensemble d'œuvres d'art du XVe au XXe siècle.

Les deux premiers cloîtres

Les deux premiers cloîtres sont d'un style gothique très noble avec leurs hauts toits pentus couverts en tuiles plates et leurs galeries voûtées d'ogives.
Au rez-de-chaussée, ils sont entourés chacun de quatre galeries où les retombées d'arc portent des sculptures à chaque fois différentes : anges, moines, animaux fantastiques, feuillages, écus. Les piliers aux angles moulurés, contrebutés à l'extérieur par des contreforts, reposent sur des bases complexes semblables à celles des piliers de l'église. À l'étage, ils sont pourvus sur deux côtés de galeries hautes, plafonnées à la française♦ et bordées d'arcatures en plein cintre ; les deux autres côtés correspondent à l'enfilade des cellules et aux façades de la salle des États, construite sur leurs galeries mitoyennes.
Le grand cloître, de plan carré, est d'une belle ordonnance régulière, avec les sept grandes arcades en arc brisé qui ouvrent ses galeries sur le jardin. Dans les angles nord-ouest et sud-ouest des galeries sont installés les deux éléments d'une sculpture contemporaine due à l'Américain Richard Serra. Ces deux volumes d'acier forgé, dont les proportions sont reprises de l'architecture du cloître, sont placés comme des signaux pour inviter le visiteur à déambuler autour du cloître.

♦**Plafond *à la française* :** *plafond à poutres et solives apparentes.*

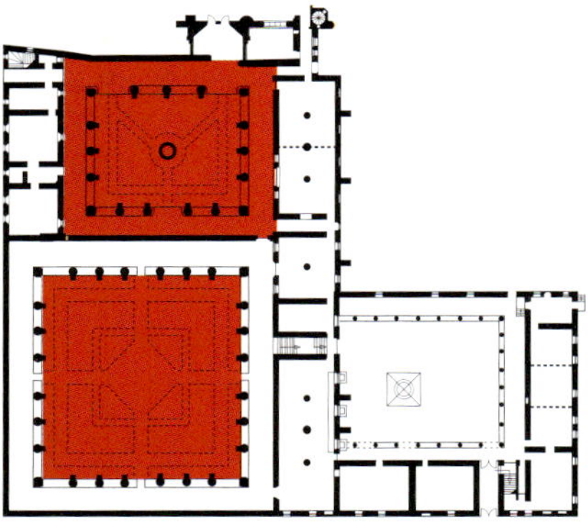

La sacristie et les salles capitulaires

Le bâtiment principal du couvent, édifié le long de ces deux cloîtres, du côté est, comportait une série de vastes salles voûtées d'ogives surmontées du « dortoir » à l'étage.
On trouvait d'abord, en venant de l'église, trois salles à plan carré et à pilier central : la sacristie[A], puis deux salles capitulaires[B] séparées par un passage menant au verger à l'est, ouvrant la première sur le premier cloître et la seconde sur le grand cloître.
L'existence de deux salles capitulaires atteste une nouvelle fois l'aspect « royal » de Brou. Si les moines tenaient effectivement dans la seconde les réunions pendant lesquelles on lisait un chapitre de la règle – d'où le nom de salle du chapitre ou salle capitulaire –, la première aurait plutôt servi de parloir, puisqu'elle donnait sur le premier cloître où était le « bâtiment des hôtes ».

Ces trois salles accueillent aujourd'hui les expositions temporaires du musée.
La sacristie et la première salle capitulaire ont été réunies en un seul espace au XIXe siècle – à l'époque où le grand séminaire diocésain occupait les bâtiments –, pour aménager une chapelle (des dalles de pierre marquent au sol l'emplacement du mur d'origine).

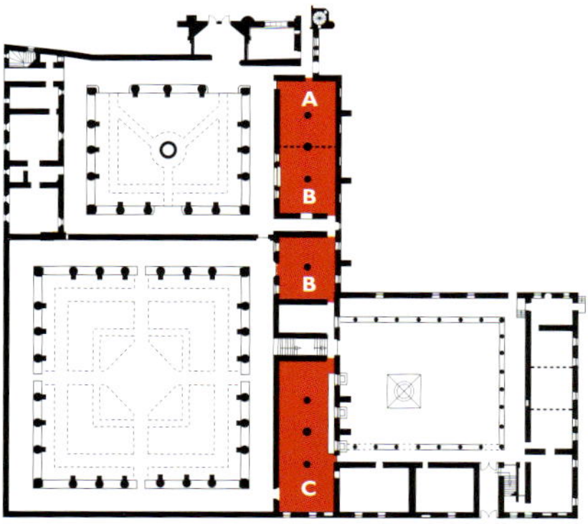

Le réfectoire

Le réfectoire[c] de Brou, qui termine l'aile principale vers le sud, était la plus vaste des salles voûtées d'ogives du monastère. Long de 20 mètres et large de 10, ses voûtes s'appuient sur trois élégants piliers, fins et élancés. Abondamment éclairé par trois fenêtres ouvrant à l'est sur le troisième cloître et par deux hautes fenêtres, refaites au XIXe siècle, donnant sur le jardin au sud, il communique avec les deuxième et troisième cloîtres. L'enduit blanc à la chaux des murs et des voûtes a été restitué dans l'esprit de l'enduit d'origine tel qu'il existe encore dans l'escalier de la cave, à côté.

La collection de sculptures religieuses

Un ensemble de sculptures anciennes du musée de Brou est présenté dans cette salle. Ce sont des statues religieuses de pierre ou de bois, datant du XIIe au XVIIe siècle.

Toutes étaient à l'origine entièrement peintes ; certaines ont gardé leur polychromie. Beaucoup d'entre elles proviennent des églises, chapelles et couvents de Bourg-en-Bresse et de ses environs, d'autres du Nord, de l'Est et du Centre de la France, voire d'Allemagne ou de Flandres.

Saint Crépin, XVIe siècle, école bressane, pierre.

Saint Sépulcre (fragments), 1443, école bressane, pierre ; Vierge, Madeleine et sainte femme *(en haut)*, Christ gisant *(en bas)*.

Philibert le Beau et son saint patron, avant 1530, école flamande, pierre.

Page de droite
Vierge romane, XIIe siècle, école bressane, bois.

Une Vierge en majesté romane en bois polychrome (XIIe siècle), autrefois dans la chapelle d'un château proche de Bourg-en-Bresse, présente frontalement l'Enfant Dieu assis dans son giron, qui lève la main en un geste de bénédiction. D'un Saint Sépulcre en pierre daté de 1443 (provenant de l'ancienne chapelle des cordeliers de Bourg-en-Bresse) ont subsisté le Christ gisant ainsi que les bustes de la Vierge, de la Madeleine, et d'une sainte femme, qui le veillent. Sur les traits du Christ, à l'intense présence, se lisent à la fois les douleurs de la Passion et la sérénité de la mort. Le grand retable en pierre figurant des scènes de la vie de la Vierge et de l'enfance du Christ (XVIe siècle) provient de l'ancien couvent des clarisses de Bourg-en-Bresse ; il est dû à un atelier régional.
Les différentes scènes, encadrées par des motifs architecturaux de style Renaissance, sont peuplées de figures calmes et trapues.

Le groupe de saint Philibert et Philibert le Beau est le seul élément subsistant de la sculpture d'origine du portail ouest de l'église de Brou, détruite à la Révolution.
On y retrouve la grâce nerveuse et la noblesse des sculptures flamandes de l'église.
Un saint André de style baroque, brisé par la foudre, a été déposé de la façade ouest de l'église de Brou où il est remplacé par une copie moderne.
Contre le mur sud, un buste en albâtre de la Vierge des Sept Douleurs, du XVIIe siècle, témoigne d'une religiosité plus austère.

Le troisième cloître

La construction du troisième cloître fut décidée en 1510 en cours de travaux, à la demande des moines qui réclamaient des communs. Son style bressan amène à penser qu'il fut laissé à l'initiative des maîtres maçons locaux. Il n'est doté de galeries que sur trois côtés, la dernière arcade des galeries nord et sud venant s'appuyer sur l'aile déjà construite à l'ouest. Les Bressans édifièrent ici, dans le style local, des arcs en plein cintre et non brisés, des piliers très simples, des toitures en pente douce couvertes de tuiles creuses. Il fut réalisé aussi à moindre coût : au rez-de-chaussée, ses galeries sont plafonnées en bois et non voûtées de pierre. Au milieu de la cour, pavée des gros galets inégaux d'origine, un grand puits est abrité par une toiture à quatre pentes, commodité fort appréciée des moines sous le climat pluvieux de la Bresse.

***Droit canon :** droit ecclésiastique.*

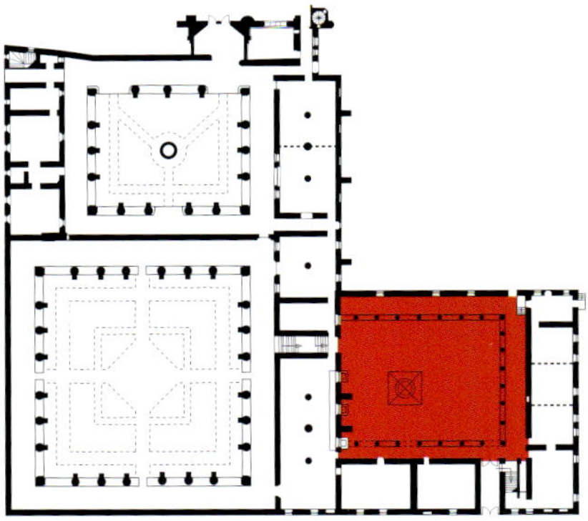

Des communs bordaient ce cloître sur deux côtés. Au sud, jouxtant le réfectoire, la cuisine, prévue ainsi dans le devis initial, est la dernière des salles voûtées d'ogives du monastère. À côté, le chauffoir servait de réfectoire en hiver. À l'étage, cette aile abritait la bibliothèque, le vestiaire et une chambre de retraite. L'aile est comportait la boulangerie avec deux fours, la « procure » ou magasin à provisions, une chambre pour les domestiques, une prison telle que l'ordonnait le droit canon*, et un « cabinet nécessaire » ou latrines. Tout l'étage de cette aile était occupé par l'infirmerie et sa chapelle.

Le long de la galerie nord est installée une œuvre du sculpteur allemand contemporain Ulrich Rückriem qui a réalisé pour ce lieu précis quatre stèles en calcaire gris-vert aux proportions en rapport avec celles du corps humain ; elles évoquent des pierres tombales et rappellent le souvenir des prieurs de Brou enterrés dans l'église.

Le « dortoir » et les cellules[1]

Dans le grand cloître, un large escalier de pierre débouche à l'étage sur un vaste couloir, dit « dortoir », qui desservait les cellules sur toute la longueur du bâtiment principal.

À l'angle du palier, une élégante lanterne de pierre sculptée porte la date de 1536, qui indique la fin des travaux dans cette partie, et le mot *silentium*, rappel de la consigne de silence de mise dans un monastère. De part et d'autre du couloir s'ouvraient les portes d'une vingtaine de grandes cellules individuelles. Leur disposition, profondément modifiée au XIXe siècle, a été partiellement restituée après la dernière guerre. Elles abritent aujourd'hui les collections de peinture et d'arts décoratifs du musée.

La salle des États[2]

Marguerite fit aménager cette grande salle d'apparat au-dessous des galeries mitoyennes des deux premiers cloîtres.

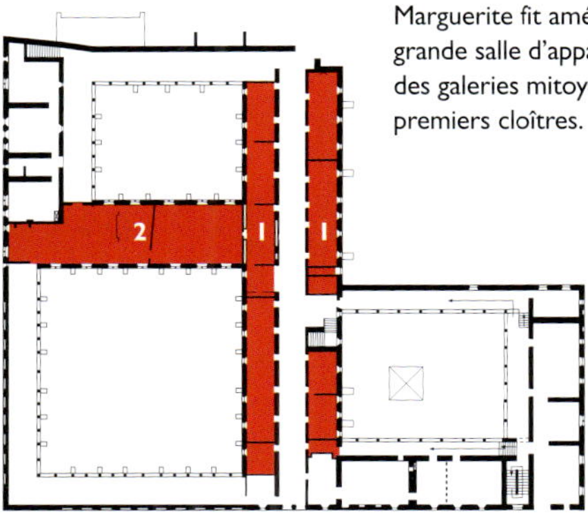

Les collections du musée

L'art du XVIe au XVIIIe siècle

Dans la partie sud du « dortoir », les cellules du côté ouest présentent des peintures flamandes de l'époque de Marguerite d'Autriche. À côté des portraits de la régente des Pays-Bas et de son neveu, le jeune Charles Quint, dus à Bernard Van Orley, peintre officiel de la Cour, figurent des œuvres religieuses de petit format destinées à des oratoires privés. Le grand *Retable de la vie de saint Jérôme*, daté de 1518 et peint pour l'église Notre-Dame de Bourg, rassemble autour de lui des œuvres régionales de la même époque.
Parmi les peintures flamandes et hollandaises du XVIIe siècle – sujets religieux, paysages, natures mortes –, *La Chasse aux cigognes* de Jan I Bruegel de Velours se signale tout particulièrement par les multiples détails qui animent les différents plans de ce vaste panorama.
L'ensemble de peintures italiennes – surtout vénitiennes – des XVIIe et XVIIIe siècles compte notamment une *Judith avec la tête d'Holopherne,* au clair-obscur dramatique, par Pietro della Vecchia, et quatre études sur le thème des victoires d'Alexandre le Grand par Francesco Fontebasso.
Parmi les peintures françaises du XVIIIe siècle, des portraits, scènes de genre, natures mortes sont dus à Nicolas de Largillière, François de Troy, Gaspard Gresly, Jean-Baptiste Lallemand.

La Chasse aux cigognes, par Jan I Bruegel de Velours (1568-1625).

Nature morte aux cerises, par Gaspard Gresly (1712-1756).

Judith avec la tête d'Holopherne, par Pietro della Vecchia (1605-1678).

Meubles Renaissance et peintures françaises du XVIIe siècle

Du côté est de cette partie du « dortoir » sont exposés des meubles lyonnais du XVIe siècle, richement décorés de motifs Renaissance. Dans cet ensemble figure un exceptionnel dressoir, meuble d'apparat destiné à recevoir de la vaisselle précieuse.
Plus loin, des peintures régionales du XVIIe siècle à sujets religieux vont des plus naïves, comme les tableaux du Bressan Benoît Alhoste, aux plus habiles, comme la *Vierge entourée de saints* par Guy François.
Le XVIIe siècle français est également représenté par des peintures appartenant au « grand genre », c'est-à-dire traitant de l'histoire sacrée ou de la mythologie, produites dans les milieux officiels de l'Académie ou de la Cour. Ainsi, *L'Évanouissement d'Esther* est-il le morceau de réception de Jean Jouvenet à l'Académie royale de peinture.

Les faïences de Meillonnas

Cette collection est exposée au milieu du « dortoir », en face du palier. La fabrique créée au XVIIIe siècle dans un village du Revermont, près de Bourg-en-Bresse, égala les centres les plus réputés, notamment pour les pièces de petit feu produites vers 1765 : ce type de cuisson à basse température permet une production de luxe, très fine et brillamment décorée.

Les pièces de grand feu, cuites à 950°C, offrent des décors dans une gamme de couleurs plus limitée, où domine la rose de couleur manganèse, typique de Meillonnas.

L'Évanouissement d'Esther,
par Jean Jouvenet (1644-1717).

Dressoir trilobé,
Lyon, XVIe siècle.

Pot-pourri couvert,
XVIIIe siècle, faïence de Meillonnas, petit feu.

Dante et Virgile dans le neuvième cercle de l'enfer, 1861, par Gustave Doré (1832-1883).

Le XIXe et le début du XXe siècle

Une salle à l'est de la partie nord du « dortoir » réunit quelques grands peintres du XIXe siècle, Jean-François Millet, Gustave Moreau, Antoine Chintreuil – un émule de Corot – et Gustave Doré, qui vécut quelques années à Bourg-en-Bresse.

Femme faisant paître sa vache, 1855, par Jean-François Millet (1814-1875).

La Mort du prince de Talmont, par Fleury-François Richard (1777-1852).

Connu surtout pour ses illustrations, Doré fut aussi peintre et sculpteur. Ses paysages le rattachent tardivement au courant romantique ; son immense toile *Dante et Virgile dans le neuvième cercle de l'enfer* rend avec puissance l'univers fantastique et effrayant du poète.

La salle suivante est consacrée à l'école lyonnaise, avec des scènes de genre et des paysages. Les Lyonnais ont aussi marqué le genre « troubadour », rameau mineur du romantisme au début du XIXe siècle qui relate, en de petits tableaux à la facture lisse et soignée, des anecdotes de l'histoire nationale ou des contes et légendes.

Les salles situées en face sont dévolues à deux artistes bressans du début du XXe siècle : Jules Migonney (1876-1929) s'est surtout consacré aux portraits et aux nus féminins, qu'il rend d'un pinceau sensuel et souple. Vers 1910, il rapporte de séjours en Algérie des toiles orientalisantes, comme *Le Bain maure*. Louis Jourdan (1872-1948), peintre autodidacte, a trouvé son inspiration dans les paysages de la Dombes aux mille étangs qu'il traduit en des toiles très construites et bien équilibrées.

Le XXe siècle

Du milieu du « dortoir » part vers l'ouest la « salle des États de Marguerite d'Autriche », totalement cloisonnée au XIXe siècle et restituée en partie après la dernière guerre.
Le musée y présente des peintures contemporaines, abstraites, silencieuses et « contemplatives », en harmonie avec le cadre monastique qui les accueille.

Le vestibule de cette salle est consacré au peintre allemand Julius Bissier (1893-1965), représentant majeur de l'abstraction gestuelle et de l'art informel, avec des encres de Chine réalisées à partir des années trente et des « miniatures » en couleur des années cinquante et soixante.
L'essentiel de la salle des États est consacré au peintre Jean Degottex (1918-1988). Une quinzaine d'œuvres des années cinquante aux années quatre-vingt retracent un parcours influencé par la pensée orientale du zen : prééminence du trait, du signe, recherche du vide, effacement de l'individu devant la contemplation de l'univers.
Dans la salle suivante sont présentées des peintures de Geneviève Asse, née à Vannes en 1923. Rigoureuses et sereines, elles offrent de vastes plans modulés dans toute la gamme des bleus, où jouent la lumière, la transparence et l'espace.

Le Bain maure, 1911, par Jules Migonney (1876-1929).

13 Juni 1965, par Julius Bissier (1893-1965).

La salle des États et les œuvres de Jean Degottex (1918-1988).

Orientation bibliographique

Brou, les bâtisseurs du XVIe siècle, catalogue d'exposition, Bourg-en-Bresse, musée de Brou, 1996.

Bruchet (Max), *Marguerite d'Autriche, duchesse de Savoie*, Lille, 1927.

Images du pouvoir : les pavements de faïence en France du XIIIe au XVIIe siècle, catalogue d'exposition, musée de Brou, Paris, RMN, juin 2000.

Lemaire de Belges (Jean), *Œuvres*, Louvain, J. Stecher, 1882-1891, vol. IV.

Nodet (Victor), « Un vitrail de l'église de Brou. Titien et Albert Dürer », *Gazette des beaux-arts*, t. XXXV, 1906, p. 95-112.

Poiret (Marie-Françoise), *Le Monastère de Brou, le chef-d'œuvre d'une fille d'empereur*, Paris, CMN/CNRS éditions, coll. « Patrimoine au présent », 1994.

Soisson (Jean-Pierre), *Marguerite, princesse de Bourgogne*, Paris, Grasset 2002.

Légendes

Bnf : Bibliothèque nationale de France, Paris.
CMN : Centre des monuments nationaux, Paris.
MAP/AP : Médiathèque de l'architecture et du patrimoine/Archives photographiques, Paris.
PMVP : Photothèque des musées de la Ville de Paris.
RMN : Réunion des musées nationaux, Paris.

Couverture
1re : la façade occidendale, CMN/C. Rose
4e : détail de la toiture en tuiles vernissées, musée de Brou

Visite
• Fond : initiale calligraphiée ornant la première page du testament de Marguerite d'Autriche,

Arbre généalogique
• p. 4 : Charles Ier, duc de Bourbon et Agnès de Bourgogne, Armorial d'Auvergne, vers 1453, BnF ; Pierre de Beaujeu et Anne de France par le Maître de Moulins, Jean Hey, 1480-1500, Paris, musée du Louvre, RMN/G. Blot-J.Schormans ; Marguerite de Bourbon, gisant de Brou, CMN/M. Tulane ; Louise de Savoie, Étienne Leblanc, *Les Gestes de Blanche de Castille*, 1524-1526, BnF ; Marguerite de Navarre, école française, XVIe siècle, Paris, musée du Louvre, RMN/J.-G. Berizzi ; François Ier par Jean Clouet, XVIe siècle, Paris, musée du Louvre, RMN/H. Lewandowski.
• p. 5 : Charles le Téméraire, école française, XVIe siècle, château de Versailles, RMN ; Marie de Bourgogne par Nicolas Reiser, Innsbrück, château d'Ambras, AKG Paris ; Maximilien de Habsbourg par B. Strigel, vers 1515-1520, Vienne, KHM, AKG Paris ; Marguerite d'Autriche par B. Van Orley, musée de Brou ; Philippe le Beau, école flamande, Paris, musée du Louvre, RMN/H. Lewandowski ; Ferdinand d'Aragon et Isabelle de Castille, *Vierge des Rois Catholiques*, détails, école hispano-flamande, 1490, Madrid, musée du Prado, Artephot/Oroñoz ; Jeanne d'Aragon par B. Strigel, Vienne, KHM, AKG Paris ; Don Juan de Castille, reprod. musée de Brou ; Charles Quint par B. Van Orley, musée de Brou.

Chronologie
De gauche à droite et de bas en haut :
• La vie politique : Charles VIII, médaille en or, BnF, CMN/MAP/AP ; Maximilien, dessin de Dürer, 1518, Vienne, Albertina, CMN/MAP/AP ; Jules II, Mme Jacquotot d'après Raphaël, porcelaine, 1840, Sèvres, musée national de la Céramique, RMN/M. Coppola ; Marignan, tombeau de François Ier, basilique de Saint-Denis, CMN/P. Lemaître ; Soliman le Magnifique, dessin de Dürer, Bayonne, musée des Beaux-Arts, CMN/MAP/AP.
• Arts et civilisation : *Dame à la licorne*, Paris, musée de Cluny, C. Rose ; cavalier de l'*Apocalypse*, gravure de Dürer, 1498, CMN/MAP/AP ; *Érasme*, dessin de Dürer, Paris, musée du Louvre, CMN/MAP/AP ; détail du *Retable d'Issenheim*, Colmar, musée d'Unterlinden, CMN/J. Feuillie ; Fontainebleau, galerie François Ier, CMN/J. Feuillie ; Venise, place Saint-Marc, C. Malécot.
• Marguerite d'Autriche : Marguerite à 3 ans, Versailles, musée du château, RMN/G. Blot ; Marguerite veuve, musée de Brou, Charles Quint, musée de Brou ; François Ier d'après Jean et François Clouet, fin XVIIIe siècle, CMN, P. Lemaître ; gisant de Marguerite, église de Brou, CMN/C. Rose ; rose « Marguerite d'Autriche », musée de Brou ;
• Marguerite de Bourbon, CMN/C. Rose ;
Le monastère : moine, carreau de pavement du chœur, musée de Brou ; vitrail, détail, CMN/C. Rose ; détail des stalles, CMN/C. Rose ; détail de la toiture, musée de Brou.

Crédits photographiques

AKG : 6d, 7 ; Artephot/Ali Meyer : 11 ; Artephot/Oroñoz : 10hg et cg, 12h ; BnF : 3h, 9h et c, 27h ; Bourg-en-Bresse, musée de Brou : 10d, 12b, 13, 14-15, 18h, 19g, 20, 21h et b, 22h, 23d, 27b, 28-30, 35b, 49, 53h, 54, 55h et b, 56-57, 59-62, 63h et c ; Bruges, musée Groeninge : 22b ; CMN/J.-C. Ballot : 21c, 31, 50b, 58b ; CMN/C. Rose : 1h et c, 2, 3h, 32h, 33-34, 35h, 37, 39c, 41-42, 43cg, 44-48, 53b, 58h ; CMN/M. Tulane : 1b, 24-25, 32b, 36, 38, 39h et b, 40, 43h, cd et b, 52 ; Gand, musée des Beaux-Arts : 17 ; Londres, Royal Library : 26 ; H. Nègre : 55b ; Le Progrès de l'Ain/H. Giuliani : 50-51h ; RMN : 6g ; RMN/G. Blot : 8, 18b ; RMN/H. Lewandowski : 19d ; Vienne, ONB : 9b.

Responsable de la collection et coordination éditoriale
Alix Sallé
Coordination documentaire
Claude Malécot
Correction
Philippe Rollet
Conception
Atalante/Paris
Réalisation graphique et infographie
encore/Paris
Suivi de fabrication
Carine Merse
Photogravure
Scann'Ouest/Saint-Aignan-de-Grand-Lieu
Impression
Néo-typo/Besançon, France

© Centre des monuments nationaux/Éditions du patrimoine, Paris, 2000
Dépôt légal : avril 2000
Réimpression : 2003, mars 2007
ISBN 978-2-85822-295-7